Seguir Jesus... Que Jesus?
Quem é esse homem
quase esquecido?

José Antonio Netto de Oliveira, SJ

Seguir Jesus... Que Jesus?
Quem é esse homem quase esquecido?

――― Meditações sobre o Jesus histórico ―――

Edições Loyola

Preparação: Fernanda Guerriero Antunes
Capa e diagramação: Viviane Bueno Jeronimo
Composição a partir das imagens: © Paolo Gallo | Adobe Stock, https://commons.wikimedia.org/wiki/File:CompositeJesus.JPG, https://pt.wikipedia.org/wiki/Ficheiro:Hoffman-ChristAndTheRichYoungRuler.jpg, https://pt.m.wikipedia.org/wiki/Ficheiro:Hans_Memling_026.jpg e https://pt.wikipedia.org/wiki/Ficheiro:Christ_Carrying_the_Cross_1580.jpg
Revisão: Ellen Barros

Edições Loyola Jesuítas
Rua 1822, 341 – Ipiranga
04216-000 São Paulo, SP
T 55 11 3385 8500/8501 • 2063 4275
editorial@loyola.com.br
vendas@loyola.com.br
www.loyola.com.br

Todos os direitos reservados. Nenhuma parte desta obra pode ser reproduzida ou transmitida por qualquer forma e/ou quaisquer meios (eletrônico ou mecânico, incluindo fotocópia e gravação) ou arquivada em qualquer sistema ou banco de dados sem permissão escrita da Editora.

ISBN 978-65-5504-046-3

2ª edição: 2021

© EDIÇÕES LOYOLA, São Paulo, Brasil, 2020

Sumário

Agradecimentos 7
Prefácio 9
Poema 11
**Introdução a uma história essencial,
mas quase esquecida** 13

Jesus humano 15

Jesus viveu a compaixão 16

Jesus viveu com muita *alegria e paz* 17

Jesus, como todos nós, sentiu muita *indignação* ... 18

Amizade: uma das notáveis características
de Jesus 19

Tentação: Como todos nós, Jesus foi tentado
ao longo da vida 21

Características da personalidade de Jesus 23

Jesus foi um gênio do bom senso. 23

A vida de Jesus é marcada pela originalidade 24

Jesus é coerente com seus princípios e
opções fundamentais: 25

Jesus é um homem de extraordinária independência,
imensa coragem, audácia, e autenticidade sem igual.....27

Jesus é Alguém de singular fantasia criadora 28

Jesus Alguém que teve a coragem de dizer "EU" 29

Jesus não tem esquemas pré-fabricados, (preconceitos) ...30

Jesus teve autoridade, mas nunca foi autoritário 31

Jesus foi uma pessoa plenamente livre 31

Jesus é um homem comprometido com uma causa:
O Reino de Deus. 35

Jesus é mestre, mas diferente 36

Três ensinamentos de Jesus frequentemente
esquecidos, sobre riqueza, poder e prestígio 37

Jesus procurou o sucesso de sua missão,
mas não a qualquer preço..39

Os mistérios de Jesus 41

O que Jesus disse sobre si mesmo 45

Conclusão 47

Bibliografia 49

Anexos 51

Parábola da mulher-homem Vela.......................................51

Textos..53

Para a reflexão pessoal..53

Agradecimentos

Agradeço a todos que me ajudaram na elaboração deste opúsculo, particularmente ao Pe. Luis Augusto Rodriguez SJ, professor de cristologia na Faculdade Jesuíta de teologia (FAJE) por ter revisado o texto sob o ângulo de correção teológica, e ao noviço jesuíta Vinicius Ferreira da Paixão, que muito me ajudou a tornar estas páginas mais inteligíveis para os leitores.

Prefácio

O prefácio deste livro é um poema de um autor desconhecido, tão simples e maravilhoso que se torna a chave de compreensão e interpretação deste livro e do mistério de Jesus.

De fato a poesia nos desinstala nos faz pensar criticamente, nos convida a abrir a mente e logo nos surpreendemos abrindo-nos à criatividade e à imaginação. Sem perceber ficamos a imaginar cenários. A experiência de ler um poema é a experiência de tentar comunicar mais um contexto que o próprio texto. O poema diz mais do que as palavras exprimem à primeira vista, pois ele não tem como objetivo um uso instrumental da língua. O "brincar" com as palavras de um poema proporciona a criação de novos mundos experienciais.

É possível que ao final destas meditações você se pergunte como o povo de Nazaré que não acreditou em Jesus quando ele foi à sua cidade:

"*de onde lhe vem tudo isso?*
E que sabedoria é esta que lhe foi dada?
E como se fazem tais milagres por suas mãos?
Não é este o carpinteiro, o filho de Maria...?
E ficaram perplexos a seu respeito...
"*E Jesus estava admirado com a falta de fé daquela gente.*" (Mc 6, 1-6)

Poema

Nasceu em uma pequena aldeia, filho de uma camponesa
Cresceu em outra aldeia onde trabalhou como carpinteiro
Até que teve trinta anos.
Depois, e durante três anos, foi pregador ambulante.
Nunca escreveu um livro. Nunca teve um cargo público.
Nunca teve família ou casa. Nunca foi à universidade.
Nunca viajou a mais de trezentos quilômetros de seu lugar de nascimento.
Nunca fez nada do que se associa com grandeza.
Não tinha outras credenciais do que a si mesmo.
Tinha somente trinta e três anos quando a opinião pública
se voltou contra ele. Seus amigos o abandonaram.
Foi entregue a seus inimigos e zombaram dele em um julgamento.
Foi crucificado entre dois ladrões.
Enquanto agonizava seus verdugos lançaram sorte sobre sua túnica
A única coisa que possuía.
Quando morreu foi enterrado em um túmulo emprestado por um amigo.

Passaram-se vinte séculos e hoje é figura central do nosso mundo
Fator decisivo da humanização e do progresso da humanidade.

Nenhum dos exércitos que marcharam, nenhuma das armadas que navegaram, nenhum dos parlamentos que se reuniram, nenhum dos reis que reinaram nem todos eles juntos, mudaram tanto a vida do ser humano na terra como esta vida solitária.

Introdução a uma história essencial, mas quase esquecida

No meio do nosso mundo, o mundo em que somos, nos movemos e existimos, onde nossa vida acontece com seus aspectos positivos e negativos, com a complexidade do universo interior de cada um, surgiu um dia uma pessoa que vale a pena conhecer: Jesus Cristo.

No meio de vós está *Alguém que vós não conheceis*, dizia insistentemente João Batista o precursor de Jesus que foi um homem que teve a coragem de seguir seus valores de uma forma tão inovadora que atraiu para o deserto uma multidão de jovens e adultos para viver um novo projeto de vida e amor, em preparação para a chegada iminente da *Luz Verdadeira* que ilumina todo ser humano que vem a este mundo.

Sim, no meio de nós está alguém que provavelmente ainda não conhecemos o bastante, e que conseguiu incorporar, em toda a sua personalidade, o amor. Esse fato é tão central que para muitas pessoas, em muitos contextos e tempos diferentes o conhecimento e o encontro com essa pessoa tornou-se motivo de uma surpreendente reorientação da vida.

Costumamos descrever esse encontro em linguagem mais poética como *uma luz que iluminou toda a complexidade da vida*, uma *fonte de água viva que jorra para a vida eterna*. Essa pessoa é Jesus de Nazaré, *o primogênito dentre os mortos*, a quem chamamos de Jesus Cristo.

Jesus foi de fato uma pessoa única, fortemente coerente e teve uma personalidade irredutível. Sua história provocou e continua a provocar em nós um convite para uma nova existência, um novo modo de viver a vida com sentido.

A leitura dessas páginas almeja inspirar cristãs e cristãos que se consideram simplesmente "adeptos de uma religião" a irem além da superficialidade e viverem como verdadeiros discípulos e seguidores de Jesus.

O caminho para atingirmos esse novo modo de viver a vida e o encontro pessoal com Jesus, acontece pela história.

Nós cristãos somos chamados a seguir o Jesus histórico, ou seja, a *viver como* Ele viveu, a *sentir* o que Ele sentia e a *sonhar* com o que Ele sonhou. Por Jesus histórico entendemos o modo como o *Filho de Deus* viveu, na sua encarnação, sua vida na terra; o lugar social que ocupou, não foi o dos poderosos ou dos ricos em seus palácios, mas o dos últimos lembrados pelo mundo, o lugar dos pobres. Como um pobre escolheu por mãe uma jovem corajosa, desconhecida, de uma obscura aldeia no interior da Galileia. Nasceu em extrema pobreza, viveu cerca de trinta anos na pequenina aldeia de Nazaré, e ali sobreviveu graças a seu trabalho como um operário carpinteiro e mesmo depois de decidir comunicar ao mundo o projeto de Amor de Deus e sair para sua vida pública, permaneceu entre os pobres da Galileia. Como muitos de nosso tempo, foi condenado em um julgamento sem possibilidade de defesa, como alguém altamente perigoso para a humanidade e morreu numa cruz, considerado o suplício mais degradante e aviltante da época. O encontro com esse Jesus histórico interpela nossa vida, e, paradoxalmente, Ele é o modelo de humanidade que somos convidados a seguir, e Nele experimentarmos o que há de mais imenso e profundo no amor.

Para chegarmos ao Jesus histórico temos como porta de entrada os evangelhos, neles podemos entender como a figura de Jesus foi percebida por quem conviveu com Ele: Jesus é totalmente divino e totalmente humano, ou seja, Ele não foi percebido como sendo um semi-Deus ou um semi-homem. É verdadeiro Deus e verdadeiro homem.

JESUS HUMANO

Quando dizemos que Jesus é humano queremos dizer, conforme as Escrituras, que: *"Fez-se igual a nós em tudo"* (Hb 4,15). Ou ainda *"Cristo Jesus, que era de condição divina, não se valeu da sua igualdade com Deus, mas aniquilou-se a si próprio. Assumindo a condição de escravo, tornou-se semelhante aos homens. Aparecendo como homem, humilhou-se ainda mais, obedecendo até à morte e morte de cruz"* (Fl 2,6-9). Tudo o que consideramos como autenticamente humano aparece em Jesus e nos é relatado pelo novo testamento.

Assumindo nossa carne, ele participou realmente de nossa condição humana: de nossa finitude, de nossas angústias, de nossas esperanças e de nossos mais profundos desejos e anseios. Alguns pensam, por exemplo, que Jesus, desde a sua encarnação, sabia tudo o que ia acontecer em sua vida, com todos os detalhes. Não sabia. Se soubesse, não seria igual a nós em tudo, a nós que não conhecemos nosso futuro e temos que abrir caminhos nas encruzilhadas da vida, através de discernimentos e opções de nossa liberdade. Assim Jesus.

Jesus participou de todos os condicionamentos comuns à vida humana, como: pobreza, fome, sede, cansaço, frio e calor, dor, incompreensão, difamação, perseguição, traição. Por vezes sentiu-se perturbado. Chorou pela morte de seu amigo Lázaro. Foi acometido por uma tristeza mortal. Sentiu solidão, angústia e pavor em face da morte. Viveu a "noite escura do espírito", do silêncio de Deus, mas confiou e foi nas mãos do Pai que entregou o seu espírito. Em suma "fez-se igual a nós em tudo, menos no pecado".

Jesus viveu a compaixão

O sentimento de **compaixão** *perpassa todo o evangelho.* Seus discípulos e as pessoas que conviveram com Jesus ficavam admirados com sua extrema compaixão diante da dor física, psíquica ou espiritual das pessoas. Como aconteceu em Caná quando chegando a essa cidade se deparou com o enterro do filho único de uma mãe que já era viúva. Ninguém lhe pediu nada. Jesus tomado de grande *compaixão*, aproximou-se dela e a consolou: "*não chores*" e lhe entregou de volta o filho com vida (cf. Lc 7,11-17). Ou ainda quando teve *compaixão* das multidões que estavam *como ovelhas sem pastor* (cf. Mc 6,34). Compadeceu-se da mulher surpreendida em adultério e salvou-a da morte de modo surpreendente (cf. Jo 8,2-11); e também da mulher samaritana, desprezada, humilhada e marginalizada na sociedade e restitui-lhe sua dignidade fazendo dela uma apóstola (cf. Jo 4,1-42)

Uma leitura mais atenta dos evangelhos logo identifica que o sentimento de compaixão perpassa todo o Evangelho. Jesus sentia compaixão de todos: os sofredores, injustiçados, leprosos, cegos, coxos, paralíticos, endemoninhados, dos pecadores, dos excluídos da sinagoga e da convivência humana. E a todos esses, Jesus tem palavras e ações que lhes traz esperança e vida. O sentimento de compaixão para com os sofredores, os empobrecidos, os marginalizados, os pecadores, é o que Jesus mais deseja suscitar em seus discípulos, porque ele aproxima- nos do coração de Deus. *"sede misericordiosos (compassivos) como vosso Pai é misericordioso (compassivo)"* (Lc 6,36).

A extrema compaixão que Jesus vive diante da dor humana é uma transparente revelação do coração compassivo do Pai Celeste em relação a todos nós: *"Quem me viu, viu o Pai"* (Jo 14,9).

PARA REFLETIR

Quais as minhas experiências de compaixão diante da vida? Quando fui consolado pela compaixão de alguém? Tenho um coração compassivo, capaz de sentir a dor do outro?

Que tipo de pessoas ou situações tocam o mais fundo do meu coração e suscitam em mim o sentimento de compaixão? Trata-se de um simples sentimento interno ou deixo-me ser guiado por ele a agir, a fazer alguma coisa para ajudar as pessoas ou mudar as situações que causam sofrimentos, desigualdades, humilhações, marginalizações, injustiças. Onde ou em quem posso encontrar esse sentimento na sociedade em que vivemos?

Jesus viveu com muita *alegria e paz*

"Naquele momento Jesus exultou de alegria sob a ação do Espírito Santo e disse: Eu te louvo ó Pai, porque ocultaste estas coisas aos sábios e entendidos e as revelaste aos pequeninos" (Lc 10,21). Após o diálogo com a Samaritana alegra-se de ver a messe pronta para a colheita (cf. Jo 4,31-38). Deseja que seus discípulos participem de sua alegria: *"vós me vereis de novo e vosso coração se alegrará e ninguém*

vos tirará a vossa alegria" (Jo 16,22). *"Pedi e recebereis para que a vossa alegria seja completa"* (Jo 16,24). *"Deixo-vos a paz, a minha paz vos dou, não vo-la dou como o mundo a dá. Não se perturbe nem se atemorize o vosso coração"* (Jo 14, 27) Jesus irradiava alegria e paz.

Para refletir

Qual a qualidade das minhas alegrias: são passageiras, superficiais, ou constantes e profundas? Já tive a graça de experimentar a intensa alegria de Deus, as chamadas consolações espirituais, que só Deus pode nos dar, uma alegria e uma paz, sem comparação com as alegrias terrenas? Que tipos de alegria eu encontro na sociedade em que vivo? Quais experiências faço que me deixam em profunda alegria e paz? Quais as experiências de vida que mais me perturbam e me deixam com a sensação de vazio e tristeza?

Jesus, como todos nós, sentiu muita *indignação*

Há situações nas quais sobressaiu, para a história, quanta indignação Jesus sentiu. Por exemplo, quando, num sábado, na sinagoga Jesus curou um homem que tinha a mão ressequida. Jesus pergunta: *É permitido, no dia de sábado, fazer o bem ou fazer o mal? Salvar uma vida ou matar?* Eles, fariseus e herodianos que ali estavam para observá-lo e condená-lo, se calaram. *Repassando então sobre eles um olhar de indignação, e entristecido pela dureza de seus corações, disse ao homem, 'estende a mão', e a mão voltou ao estado normal* (Mc 3,5-6). Indignado também com a exploração dos pobres exercida pelos Sumos sacerdotes, o sinédrio e os funcionários do templo; Jesus toma um chicote e expulsa os vendilhões e cambistas dizendo: *"minha casa será uma casa de oração. Vós, porém, fizestes dela um covil de ladrões*" (Lc 19,46). Perpassa também uma tônica de *indignação* nos diferentes "ais" de Jesus em relação aos fariseus, escribas e doutores da lei: "*Ai de vós escribas e fariseus hipócritas...*" (Mt 23,13ss) assim como em relação aos ricos insensíveis à dor, ao sofrimento, à exclusão dos pobres: "*Ai de vós ricos, porque já tendes a vossa consolação*" (Lc 6,24).

Para refletir

A indignação é um sentimento positivo, distinto da raiva. Que pessoas ou situações me deixam indignado? Os corruptos? Aqueles e aquelas que praticam injustiças com os pobres, com as mulheres, com as crianças? Os poderosos com foro privilegiado? Situações na família ou na vizinhança que me incomodam? A indignação para mim é só um sentimento ou me leva a agir para mudar a situação? Que posso fazer, mesmo no pequeno espaço no qual se move minha vida?

Amizade: uma das notáveis características de Jesus

A amizade é uma forma privilegiada de amor. Ela é afirmada como a base para o desenvolvimento humano, sem ela comprometemos processos cognitivos e nem nos apropriaríamos saudavelmente da cultura que nos circunda. São os ambientes construídos pelas amizades os que mais contribuem para a construção da nossa própria identidade, das nossas ideias, nossos valores e o sentimento de pertença. Além disso, a amizade verdadeira coopera para discernirmos nosso objetivo de vida. As relações de amizade profunda são marcadas por despertar em nós algumas sensações como: prazer pela companhia uns dos outros, auto aceitação, confiança, consideração e respeito, ajuda mutua, confidência e abertura em podermos ser genuínos sem inibição por medo de um juízo pejorativo. Por isso, por ser fonte de sensações tão boas muitos dizem que os amigos são a família que Deus nos permite escolher. *"Amigo fiel é poderoso refúgio, quem o descobriu, descobriu um tesouro"* (ECLO 6,14).

No contexto atual temos um mundo no qual as relações se fazem e se desfazem muito rápida e facilmente; na contramão, porém, vemos algumas amizades durarem muitos anos e sobreviverem às crises e às distâncias. Essas amizades duradouras mostram ter em comum um elemento: reciprocidade, algo fundamental em todas as relações, principalmente a relação de Deus conosco.

A amizade é uma notável característica de Jesus, porque ser amigo, como já disse acima, é uma forma de amar e ele amou as suas amigas e os seus amigos ao máximo! Amou-os todos até ao extremo (Jo 13,1). Nos evangelhos nota-se que em todos os momentos ele demonstra essencialmente a sua preocupação com a pessoa em si, nunca se baseando na má fama ou nas fofocas sobre alguém (cf. Jo 8,3-11). Jesus é acusado de ser *"amigo de publicanos e pecadores"* (Mt 11,19) Aos seus apóstolos (grupo de amigos seguidores) e discípulos Ele disse: *"Já não vos chamo servos mas, amigos, porque tudo o que ouvi do Pai eu vos dei a conhecer"* (Jo 15,15).

Os evangelhos nos falam de uma amizade especial que Jesus tinha com uma família: *"Jesus amava Marta e sua irmã Maria e Lázaro"* (Jo,11,5). Jesus precisou da presença e do apoio de seus amigos em certos momentos de sua vida: *"desejei ardentemente comer esta páscoa convosco antes de sofrer"* (Lc 22,15). *"Simão estás dormindo? Não foste capaz de vigiar por uma hora comigo?"* (Mc 14,37).

PARA REFLETIR

Tenho amizades sólidas? Meus amigos e amigas me ajudam a viver meus valores, minhas opções fundamentais... a realizar meu projeto de vida, ou dificultam?
Quando eu senti ou sinto Jesus como um amigo muito íntimo? Na sociedade em que vivo noto as amizades falsas, puramente interesseiras: para se promover, para progredir nos negócios, para ter privilégios, para se proteger nos casos de apuros?

Tentação: Como todos nós, Jesus foi tentado ao longo da vida

Jesus foi tentado ao longo de toda a sua vida. As tentações de Jesus situam-se em torno do tipo de messianismo que Ele abraça: ser um Messias **Servo**, humilde servidor da humanidade no amor, lavar nossos pés conforme estava prefigurado na profecia de Isaías (cf. Is 52,13-53,12). A tentação que o persegue durante a vida é a de abandonar esse tipo de messianismo aparentemente ineficaz e abraçar um messianismo de poder, ser um poderoso deste mundo, que na força, na riqueza, no prestígio e no poder de Deus, instauraria o Reino de Deus no mundo. Essas tentações aparecem no início (cf. Lc 4,1-13) e no fim dos evangelhos, na agonia do Getsêmani e na Cruz (cf. Mt 27,39-44) mas de fato, elas percorrem toda a vida de Jesus. Por isso Jesus tinha de fazer discernimento todo o tempo, perguntando-se por onde passavam os caminhos e a vontade do Pai e por onde passavam os caminhos do Maligno.

PARA REFLETIR

O projeto de Jesus consiste em sair do nosso eu (ego) orgulhoso, egoísta, autocentrado, para em tudo amar e servir. As tentações do mau espírito vão no sentido contrário: fechar-nos no nosso ego onipotente.

Em que áreas de minha vida me sinto mais tentado... Eu tenho resistido às tentações? Como faço isso? De onde me vem essa força e capacidade? Tenho reconhecido em mim Jesus tentado e rezado: "não nos deixeis cair em tentação"? Na sociedade em que vivo o que acho que está prevalecendo: o egoísmo ou o amor? No fundo do meu coração eu consigo distinguir qual voz estou ouvindo: a de Jesus ou a do Maligno? Em quais áreas da minha vida pessoal ou social ainda me sinto escravo? Em quais me sinto mais livre e vitorioso?

Privar Jesus de sua humanidade é privá-lo de sua grandeza. Ele é o homem plenamente humanizado, é o Homem Novo, a nova humanidade.

Características da personalidade de Jesus

Jesus foi um gênio do bom senso.

Quando falamos de bom senso queremos falar de uma capacidade humana de saber distinguir o essencial do secundário em nossas vidas, saber colocar as coisas em seu devido lugar: é o contrário do exagero nas mais variadas situações do cotidiano.

Jesus aparece com uma serenidade sem igual em tudo o que diz e faz: não apela para princípios superiores de moral; não entra numa casuística minuciosa e sem coração; suas palavras e soluções são diretas e incisivas: *"Vocês coam mosquitos e engolem camelos"* (Mt 23,24). *"Amai os vossos inimigos, orai pelos que vos perseguem"* (Lc 6,27). *"Não se coloca vinho novo em odres velhos"* (Mc 2,22).

PARA REFLETIR

Eu percebo na sociedade e nas Igrejas radicalismos que atentam contra o bom senso: tudo é pecado ou nada é pecado; todos são bons ou todos são maus; conservadorismo radical ou liberalismo radical; nada é permitido ou tudo é permitido... Quais as minhas experiências de bom senso que me beneficiaram e fizeram-me amadurecer um pouco? Em quais áreas da minha vida eu já aplico o bom senso? Em quais não? O que desejo aprender com Jesus para distinguir o essencial, o que é realmente importante na vida e que vai permanecer para a vida eterna, do que é secundário, passageiro, caduco?

A vida de Jesus é marcada pela originalidade

Todos nós somos seres especiais e originais na nossa existência, somos gerados como uma entidade única no universo, de constituição genética única. Aquilo que chamamos comumente de uma pessoa original são mulheres e homens que têm a característica da autenticidade no modo de agir, essa característica está totalmente ligada a nos aceitarmos como somos, com os valores que nos movem e agirmos em coerência com eles nas diversas situações da vida.

Originalidade é talvez uma das características humanas mais buscadas na sociedade atual. Paradoxalmente nosso tempo é marcado pela cultura da modelagem, que busca enquadrar nossas personalidades nas crenças e preconceitos sociais vigentes. Temos medo de ser originais.

Jesus foi original. Original no sentido mais belo da palavra, Jesus viveu com toda a originalidade, que não é sinônimo de esquisitice. Original vem de "origem". Original é aquele que está *perto da origem* e por sua vida, palavras e obras leva as pessoas ao que há de mais original nelas mesmas.

Jesus é original não porque traz necessariamente coisas novas, mas porque tudo o que diz e faz é transparente, cristalino e evidente: as pessoas percebem logo: "é isso mesmo". Em contato com Jesus cada um de nós encontra-se consigo mesmo, com aquilo que há de melhor em si mesmo, cada qual é levado ao originário. Esse confronto com o originário leva a uma crise salutar: urge decidir-se e converter-se porque, se não, nos instalamos logo no derivado, no secundário e não no originário, isto é, naquilo que há de melhor em nós mesmos.

PARA REFLETIR

"Vocês, meus discípulos estão no mundo, mais não são do mundo" diz Jesus. Nós vivemos numa sociedade marcada por superficialidades e busca de respostas pré-fabricadas, mas temos outra maneira de viver a vida, porque fomos criados à imagem e semelhança de Deus.

Quais originalidades eu já reconheço em mim que ajudam a contemplar-me como criação de Deus, que me fez único no mundo?

Em que aspectos preciso seguir aprendendo com Jesus a cultivar o que Deus colocou de melhor em mim e nos outros e a distanciar-me de uma maneira superficial, fútil e irresponsável de viver a vida?

Jesus é coerente com seus princípios e opções fundamentais:

Opções fundamentais são parâmetros chaves por meio dos quais a pessoa orienta e conduz a sua vida. Encontramos, certa vez, escrita na parede de uma oficina mecânica, a seguinte frase: *"Aqui nós somos honestos"*. A "honestidade" era uma opção fundamental do dono e de todos os que trabalhavam naquela oficina. A oficina estava sempre lotada de carros!

A partir das suas opções fundamentais a pessoa age na vida, posiciona-se diante dela mesma, de outras pessoas e do mundo e, em última análise, também de Deus. Podemos enumerar pelo menos cinco opções fundamentais de Jesus, segundo os evangelhos:

- a opção preferencial pelos pobres, como concretização da opção pelos injustiçados.
- a opção pela misericórdia e contra todo legalismo que pode matar.
- a opção pelo serviço e contra todo poder dominador.
- a opção pela justiça e contra toda opressão das pessoas.
- a opção pela vida.

Ao longo de sua vida Jesus é totalmente coerente com seus princípios e suas opções fundamentais. O que ele prega e ensina é o que ele vive. Agindo assim, Jesus desconstrói a imagem de um Deus onipotente, todo poderoso, ameaçador, juiz severo, encolerizado, distante e frio e convida-nos a acolher um Deus que é compassivo, misericordioso, próximo de nós, que nos ama e é amigo da vida.

PARA REFLETIR

Qual ou quais as minhas opções fundamentais na vida? Tenho a coragem e a confiança para vivê-la até às últimas consequências, ou a abandono, muitas vezes, para ficar numa zona de conforto, onde a hipocrisia é mais fácil que a coerência? Dadas essas opções do Filho de Deus encarnado, não seria inconcebível pensar que cristãs e cristãos que se comprometem com a causa dos pobres e com a justiça, como Jesus, sejam classificados como esquerdistas perigosos para a sociedade e traidores da fé?

Jesus é um homem de extraordinária independência, imensa coragem, audácia, e autenticidade sem igual

É difícil para nós imaginar o que deve ter significado o fato de Jesus divergir de todos, numa sociedade em que a conformidade com o modo de pensar e agir de todos era a única medida da verdade e da virtude. Ele dá, em todos os momentos, a impressão de um homem que tem a coragem de suas convicções. Não há em Jesus nenhum sinal de medo. Não tinha medo de provocar escândalo, nem de perder sua reputação e nem mesmo de perder sua vida. Sua participação em festas e banquetes, sua convivência com pecadores notórios, sua valorização e acolhida das mulheres e especialmente das prostitutas, sua liberdade em face da observância da lei..., logo o levam a ser classificado como "glutão e bêbado", como "pecador", como tendo "pacto com satanás" como "blasfemador" e "louco"... Nunca fez nada para conseguir um pouco de aprovação por parte do sistema. Não procurava a aprovação de ninguém. Contudo ninguém poderia jamais acusá-lo de insinceridade, de hipocrisia ou de ter medo daquilo que as pessoas poderiam pensar ou dizer a seu respeito ou daquilo que poderiam fazer-lhe ou do mal que poderiam causar-lhe. Daí surge a pergunta: "Quem é esse homem?"

PARA REFLETIR

Sinto-me muito dependente do que as pessoas pensam e esperam de mim? Já tive ou tenho ainda vergonha de me apresentar como cristão e seguidor de Jesus? A autenticidade e a coragem de viver os valores do Evangelho fazem parte de meu estilo de vida?

Jesus é Alguém de singular fantasia criadora

Fantasia é uma forma de liberdade; ela surge do inconformismo frente a uma situação feita, estabelecida e aparentemente imutável; é a capacidade de ver o ser humano maior do que o que ele vive naquele contexto do momento; é ter a coragem de pensar e dizer coisa nova e andar por caminhos ainda não palmilhados, mas cheios de sentido humano. A fantasia criadora é uma das qualidades fundamentais de Jesus: Ele rasga novos caminhos, abre novos horizontes e vive a vida de maneira nova, tanto no nível individual como social, e convida-nos a segui-lo.

PARA REFLETIR

A vida para mim consiste em uma repetição monótona do que já foi e experimentei? Como tenho usado minha capacidade criadora para abrir novos caminhos para mim, para minha família, para a comunidade em que vivo e novos horizontes para que o Reino de Deus aconteça? Onde observo em mim a capacidade de criar e inovar? Como tenho me comportado diante de situações com as quais não concordo ou que geram em mim inconformismo?

Jesus Alguém que teve a coragem de dizer "EU"

O Evangelho de Marcos diz logo no início que Jesus ensinava uma doutrina nova, isto é, não repetia simplesmente o que o Antigo Testamento, sobretudo o que a Torá dizia, mas tinha a audácia de corrigi-la: Ouvistes o que foi dito aos antigos: *"Amarás o teu próximo e odiarás o teu inimigo.* **EU** *porém vos digo amai os vossos inimigos"* (Mt 5,43-44). Diz EU com sua própria autoridade sem se garantir com outras autoridades que venham de fora. O novo que prega não é algo totalmente desconhecido por nós. Mas é o que o bom senso manda e que foi perdido pelas complicações religiosas, morais e culturais criadas pelos homens. Jesus veio descobrir a novidade do mais antigo e do originário no ser humano feito à imagem e semelhança de Deus. Ele não pergunta pela ordem, pelas tradições, pela maneira com que se costumam fazer as coisas, mas deixa reinar a fantasia criadora e por isso desconserta. Quem é esse homem? *"Não é este o carpinteiro, o filho de Maria"*? (Mc 6,3). Anda com gente proibida; aceita como discípulos pessoas de comportamentos reprovados pela sociedade: anuncia uma reviravolta no quadro social em que os últimos serão os primeiros e os primeiros os últimos (cf. Mt 20,16); diz que os humildes serão mestres e que os fiscais de impostos (os publicanos) e as prostitutas entrarão mais facilmente no Reino de Deus do que os piedosos fariseus e escribas (cf. Mt 21,31). Por outro lado não deixa de se aproximar de ninguém: nem dos heréticos samaritanos, nem das pessoas de má reputação, nem dos leprosos, dos doentes, dos endemoninhados, dos pobres nem dos ricos, cujas casas frequenta quando convidado, mas não deixa de dizer-lhes: vós sois infelizes pois já tendes a vossa recompensa (cf. Lc 6,24).

PARA REFLETIR

A maioria das pessoas segue a moda do momento, a maneira de viver, de pensar, de agir veiculada pelos meios de comunicação social, pela mídia. São pessoas que não têm autoridade, porque não têm valores e convicções pessoais, nem uma causa nobre pela qual dedicam suas vidas... E Eu tenho alguma autoridade que brote de minha pessoa, como Jesus?

Jesus não tem esquemas pré-fabricados, (preconceitos)

Ele nunca enquadra as pessoas em esquemas pré-fabricados: Acolhe todas e todos: os pecadores – os pequeninos oprimidos e sem direitos: crianças, mulheres e pobres – dá atenção a uma velhinha encurvada (cf. Lc 13,10-17) ao cego anônimo na beira do caminho (cf. Mc 10,46-52), à mulher que se envergonha de sua menstruação (cf. Mc 5,25-34) a um teólogo que veio procurá-lo à noite (cf. Jo 3,1-21). "*A quem vem a mim, Eu não o mandarei embora*" (Jo 6,37). Jesus é uma pessoa carismática sem precedentes na história: sua reação é sempre surpreendente: para cada um tem uma palavra exata ou o gesto correspondente. Possui uma sabedoria impressionante e surpreendente: desmascara perguntas capciosas, pode fazer que seus adversários falem ou se calem. Sem que ninguém lhe diga, ele sabe dos pensamentos íntimos de seus opositores.

PARA REFLETIR

Jesus não julgava ninguém, não tinha preconceitos. Examine-se: contra que, ou contra quem ainda tenho preconceitos e talvez julgue e condene pessoas, mesmo antes de conhecê-las.

Jesus teve autoridade, mas nunca foi autoritário

Jesus sempre ensinou e agiu com autoridade. Sua autoridade não provinha de nenhum título ou cargo importante na sociedade, mas de sua própria pessoa. Nunca, porém foi autoritário, nunca foi um fanático exigindo uma submissão passiva ao que ensinava. Nunca empregou a violência para impor suas ideias. Sempre teve um profundo respeito pelas pessoas: anunciava, propunha, convidava, mas sempre esperava uma resposta livre e comprometida de seus ouvintes.

Para refletir:

Sinto-me como uma pessoa autoritária: gosto de impor minhas ideias, minhas soluções para os problemas, meu modo de viver a vida? Qual minha capacidade de conviver com o "diferente", sem deixar de amar...

Jesus foi uma pessoa plenamente livre

Ser livre, definitivamente, é assumir a própria vida naturalmente, sem se aprisionar em aparências ou máscaras. As pessoas verdadeiramente livres vivem a vida de uma maneira especial e incomodam. *Jesus foi um homem livre.*

Justamente a palavra que melhor define a impressão que Jesus causou em seus contemporâneos é a palavra "autoridade": *"maravilhavam-se de sua doutrina, pois os ensinava como quem tem autoridade e não como os escribas"* (Mc 1,22). Isto significa que Jesus era uma pessoa profundamente livre diante de tudo e de todos:

- **Livre diante do clã familiar:** não permitindo que o grupo familiar ditasse seus comportamentos e sua conduta. Na Galileia o empobrecimento progressivo da população levava as pessoas a refugiarem-se no clã familiar, onde encontravam proteção e segurança. Cada clã tinha o seu patriarca que velava pela ordem e os comportamentos de cada um, para que cumprissem as leis religiosas. Qualquer pessoa que se desviasse da obediência às leis estabelecidas, difamava e prejudicava todo o grupo familiar. Durante a vida pública, vemos o clã familiar procurando levar Jesus à força de volta a Nazaré, uma vez que estava violando as leis, e julgando que ele tinha perdido o juízo, ou seja, que estava louco (cf. Mc 3,21). Ora Jesus abandonou a possível segurança que o grupo familiar podia oferecer-lhe e não permitiu que o clã ditasse seus comportamentos, sua conduta e seus ensinamentos.

- **Livre diante dos guardiões da lei e da religião:** A vontade de Deus para o seu povo e para todos os povos foi expressa nos dez mandamentos. Os dez mandamentos, já no Antigo Testamento, foram resumidos em dois mandamentos: amar a Deus e amar ao próximo; Jesus confirma essa interpretação: *"desses dois mandamentos dependem toda lei e os profetas"* (Mt,22,34-40). Acontece que, ao longo da história as autoridades religiosas, na tentativa de atualizar a lei, acrescentaram 613 novos preceitos ou proibições (*Halaká*), que eram considerados como vontade de Deus, *com a mesma obrigatoriedade dos dois mandamentos*. Nesses 613 preceitos havia determinações minuciosas sobre o repouso no dia do sábado, sobre as abluções que se deviam fazer para purificar-se das impurezas, sobre o modo de oferecer os sacrifícios no templo de Jerusalém... O povo simples e, na maioria, analfabeto, não sabia e não entendia o que era exigido dele, e por isso era considerado pelas autoridades religiosas, pelos doutores da lei e pelos fariseus, como pecadores que tinham perdido a bênção de Deus.

Jesus encontra então uma religião em Israel que consistia somente em: cumprir a lei de Deus que incluía os 613 preceitos ou proibições, em observar religiosamente o sábado e em oferecer sacrifícios no templo, para obter o perdão dos pecados e as bênçãos de Deus. Desse modo a religião se reduzia somente ao primeiro mandamento: o culto a Deus. O segundo, amar ao próximo, era esquecido e de fato os pobres sofriam as maiores injustiças, taxados de pecadores, que eram castigados por Deus com doenças, com desgraças, com a fome e a miséria. Diante dessa deturpação da vontade de Deus, Jesus declara que os 613 preceitos não expressam a vontade de Deus, mas são tradições humanas, inventadas pelos homens (cf. Mc 7,8-13). Denuncia uma religião em que o culto a Deus está separado do amor ao próximo, uma religião que se tornou opressora da consciência do povo, em nome de Deus, uma religião que em vez de libertar, desumanizava, oprimia e marginalizava, sobretudo os pobres.

Jesus é livre para denunciar o sistema religioso vigente em Israel. Ele o fez pelos seus ensinamentos, pela sua conduta e seu comportamento. Convive com pessoas condenadas e repreensíveis segundo a lei: publicanos, prostitutas, pobres, endemoninhados, viola o repouso sabático e ensina seus discípulos a violá-lo (cf. Mc 2,23-28), não cumpre os ritos de abluções e purificações prescritos pela lei (cf. Lc 11,37-38). O sistema começa a ver em Jesus uma ameaça e a tramar sua morte. Jesus está correndo risco de vida. Soberanamente livre Jesus segue em frente, com total coerência com suas convicções até o fim.

- **Livre na escolha de seus discípulos e amigos**: Escolhe e chama com autoridade: deixem tudo, venham e sigam-me: não chamou pessoas poderosas ou sábias ou famosas, mas rudes camponeses e pescadores da Galileia. Foi livre diante da pressão social de seu tempo.

- **Livre perante o poder político:** não entra em cálculos nem em compromissos políticos: jamais bajulou nenhum político para alcançar favores ou proteção; sua liberdade deixa Herodes e Pilatos e os Sumos Sacerdotes confusos e com medo. Não se deixou arrastar no jogo político dos guerrilheiros zelotas, entre os quais Judas.

- **Livre no seu ensinamento e em sua palavra**. Jesus tem a ousadia de corrigir Moisés, a máxima autoridade para os Israelitas: "Foi dito aos antigos, Eu porém vos digo". Os escribas e fariseus se enfurecem: quem é esse Galileu iletrado, que não frequentou as escolas dos rabinos em Jerusalém e que tem tamanha pretensão e ousadia?

Para refletir

Hoje falamos muito em liberdade, mas na maioria das vezes, trata-se de uma liberdade para fazermos o que quisermos, sem freio nem limites. O difícil é encontrarmos pessoas que sejam livres segundo o projeto de Deus, ou seja, para amar e servir: livres para praticar a justiça, defender os oprimidos e injustiçados, livres para lutar contra as desigualdades sociais, livres para abraçar uma causa nobre: que o Reino de Deus aconteça no nosso mundo... Sinto-me livre para amar e servir? Em que áreas internas, pessoais, ou externas, sociais, ainda me sinto escravo. Encontro ao meu redor ou na sociedade pessoas que admiro por sua liberdade?

A imagem da personalidade de Jesus que se impõe pela leitura do evangelho é a de um homem livre. Não se trata da liberdade de um aristocrata ou de um super-homem que desprezasse o povo simples: sua autoridade e liberdade não geram distância nem um temor reverencial. Para encontrá-lo não é preciso marcar audiência: Ele é sempre acessível a todos que o procuram.

Jesus é um homem comprometido com uma causa: O Reino de Deus.

Jesus abandonou a segurança do clã familiar e do sistema para "entrar" confiadamente no Reino de Deus. A segurança da sua vida está nas mãos do Pai e não em qualquer outra pessoa ou qualquer outra criatura: riquezas, poderes, prestígio. Confia no Pai. Sua vida itinerante ao serviço dos que estavam mais privados da vida deixava claro que o Reino de Deus não tinha um centro de poder a partir do qual tivesse de ser controlado: não como Roma de onde o imperador Tibério controlava o império; não como Tiberíades de onde Herodes Antipas controlava a Galileia; não como Jerusalém de onde as elites sacerdotais controlavam a religião judaica. O Reino de Deus ia acontecendo ali onde a Boa Notícia libertadora era anunciada e acolhida abrindo um novo horizonte de esperança e de vida. A causa a que Jesus dedica o seu tempo, suas forças e sua vida é o que ele chamava "o Reino de Deus". O

Reino de Deus era a paixão que animava toda a sua atividade. Esse era o projeto que queria ver realizado na Galileia, no povo de Israel e em todas as nações.

"O Reino de Deus está no meio de vós" (Lc 17,21). Deus não vem para destruir nem eliminar ninguém... Vem destruir o poder do mal, vem vencer o princípio do autocentramento, do egoísmo, do orgulho e da autossuficiência, vem capacitar-nos para vencer o poder do mal. Como? Acolhendo o dom de Deus, aceitando o perdão e o amor gratuito de Deus, o dom do Espírito Santo e com a graça de Deus, começando um novo modo de existir, no am**or**, na justiça, na compaixão, na misericórdia, na partilha, na fraternidade, na solidariedade...

> *PARA REFLETIR*
>
> A mentalidade veiculada pela pós modernidade é a desilusão com tudo e por isso leva as pessoas a não se comprometerem com nenhuma causa humanitária. Jesus espera de seus discípulos um compromisso decidido com a causa de Deus no mundo: lealdade para com sua pessoa e fidelidade à sua causa: O Reino de Deus. Como me situo diante desse compromisso?

Jesus é mestre, mas diferente

Os rabinos, os mestres de Israel, se limitavam a explicar (e a complicar) as Escrituras. O ensinamento de Jesus é novo: Ele tira sua doutrina das experiências comuns da vida que todos fazem e podem controlar. Todos entendem que *"o homem vale mais do que as aves do céu"* (Mt 6,36), que *"não é o homem para* o sábado, mas o sábado para o homem" (Mc 3,27), que "uma árvore boa não pode dar frutos ruins, nem uma árvore ruim frutos bons" (Mt 7,17), que "uma cidade sobre um monte não pode ficar escondida" (Mt 5,14).

A linguagem de Jesus era inconfundível. Não havia nas suas palavras nada de artificial ou forçado. Era tudo claro e simples. Comunicava aquilo que vivia. Jesus se dirigia aos camponeses da Galileia: gente simples, pobre e analfabeta. Como ensinar-lhes a olhar a vida de outro modo? Dizia-lhes que Deus é bom, que sua bondade e seu amor penetrava tudo e que sua misericórdia se derramava sobre todos. Com uma criatividade inesgotável, inventava imagens, concebia metáforas, sugeria comparações e, sobretudo, contava com maestria parábolas que cativavam e encantavam aquela gente.

PARA REFLETIR

Pelo meu modo de viver, transmito a outros (ensino) o que vou aprendendo com Jesus? Contagio os ambientes em que vivo (família, lugar de trabalho ou lazer) com minha fé, minha esperança, meu amor desinteressado, meu desejo de ajudar e servir, minha bondade, meu senso de honestidade e de justiça?

Três ensinamentos de Jesus frequentemente esquecidos, sobre riqueza, poder e prestígio

Riqueza: "*Não podeis servir a Deus e ao dinheiro*" (Mt 6,34). "*Não ajunteis para vós tesouros na terra*" (Mt 6,19). "*Tomai cuidado contra todo tipo de ganância, porque mesmo que alguém tenha muitas coisas a vida de um homem não consiste na abundância de bens*" (Lc 12,5). "*Ai de vós ricos porque já recebestes vosso consolo*" (Lc 6,24). "*Se queres ser perfeito vai vende o que tens, dá aos pobres e terás um tesouro no céu. Depois, vem e segue-*

me" (Mc 10,21). *"Em verdade vos digo que um rico dificilmente entrará no Reino dos céus. E digo ainda: é mais fácil um camelo entrar pelo buraco de uma agulha do que um rico entrar no Reino de Deus"* (Mt 19,23-24).

Poder: *"Sabeis que aqueles que governam as nações as dominam e os seus grandes as tiranizam. Entre vós não deverá ser assim: ao contrário, aquele que dentre vós quiser ser grande, seja o vosso servidor e aquele que quiser ser o primeiro dentre vós, seja o servo de todos"* (Mc 10, 42-44). Segundo o evangelho, poder significa serviço. Jesus não teve nenhum poder econômico, político, ou religioso (não pertencia às elites sacerdotais do templo). A cena do lava-pés na última ceia, incomoda todos os que aspiram a um poder de dominação (cf Jo 13,1-20).

Prestígio: *"Bem-aventurados sois, quando vos injuriarem e vos perseguirem e, mentindo disserem todo mal contra vós por causa de mim. Alegrai-vos e regozijai-vos, porque será grande a vossa recompensa nos céus"* (Mt 5,11-12). *"Como podereis crer, vós que recebeis glória uns dos outros, mas não procurais a glória do Deus único"?* (Jo 5,44).

A riqueza, o poder, o prestígio tendem a levar as pessoas ao orgulho e mesmo a uma grande soberba e a endurecer o coração tornando-as insensíveis perante a dor da humanidade e incapazes de um amor oblativo.

PARA REFLETIR

Penso poder encontrar a felicidade, buscando ser uma pessoa rica, poderosa, famosa e prestigiada aqui no mundo? São tendências sedutoras, mas enganosas, porque conduzem-nos quase sempre ao auto-centramento ou ao próprio ego inflado e onipotente e daí a todos os vícios e a um coração petrifricado, incapaz de amar verdadeiramente, de

Anexos

Parábola do Homem-Mulher Vela

Autor desconhecido

Havia uma mulher-homem chamada Vela, que cansada das trevas que rodeavam sua existência, quis abrir-se à luz. Esse era seu desejo, sua aspiração mais profunda: "*receber a luz*". Um dia a Luz verdadeira que habita o coração de todo ser humano inundou-a com sua presença luminosa e a incendiou.

Vela sentiu-se feliz por haver recebido a luz que ilumina as trevas e dá segurança aos corações. Depressa se deu conta de que o haver recebido a luz constituía não só uma alegria, mas também uma grande exigência, uma missão...

Assim, tomou consciência de que, para que a luz perdurasse nela, ela teria que alimentar-se da sua própria substância, do seu próprio ser interior, através de um cotidiano derreter-se, de um permanente consumir-se.

Então sua alegria tomou uma dimensão mais profunda, pois entendeu que sua vocação era *"consumir-se ao serviço da luz"* e aceitou, com plena lucidez, sua nova vocação.

Vivendo assim, chegava a pensar, algumas vezes, que teria sido mais cômodo, não ter recebido a luz, pois, ao invés de um doloroso derreter-se e de um permanente consumir-se, sua vida teria sido muito tranquila e despreocupada. Teve até a tentação de não mais alimentar a chama para não sentir-se tão incomodada.

Também se deu conta de que no mundo existem muitas correntes de ar que buscam apagar a luz e, à exigência que havia aceito de alimentar a luz com sua própria substância, consumindo-se aos poucos, uniu-se o chamado imperativo de defendê-la de certas correntes de ar que circulavam ao seu redor. Mais ainda: sua luz permitiu-lhe perceber melhor a realidade em volta de si e começou então a verificar, admirada, que existiam muitas velas apagadas: umas porque nunca haviam tido oportunidade de receber luz, outras por medo de derreter-se e as demais porque não conseguiram defender-se das correntes de ar. Vela perguntou-se, muito preocupada: *"poderei eu acender outras velas"*? Refletindo acabou descobrindo também sua vocação de apóstola da luz.

Então, dedicou-se a acender velas de todas as características, tamanhos idades, para que houvesse mais luz no mundo. A cada dia crescia sua alegria e esperança, porque com seu consumir-se cotidiano encontrava, por todas as partes velas homens, velas mulheres, velas idosas, velas jovens, velas crianças... e todas bem iluminadas.

E quando pressentiu que chegava o final, porque se havia derretido e consumido lentamente e totalmente a serviço da luz disse com voz forte e com profunda expressão de satisfação no rosto:

> "minha vida teve sentido, porque, em vez de amaldiçoar as trevas, iluminei o mundo por um instante e as velas que acendi continuarão a iluminá-lo depois de mim".

Textos

Jo 1,4-5 : "Nele estava a vida e a vida era a luz dos homens... e a luz brilha nas trevas, mas as trevas não a apreenderam".

Jo 8, 12 : "Eu sou a luz do mundo, quem me segue não andará nas trevas, mas terá a luz da vida.

Mt 5, 14-16: "Vós sois a luz do mundo. Não se pode esconder uma cidade situada sobre um monte, nem se acende uma lâmpada e se coloca debaixo da cama, mas no candelabro e assim ela brilha para todos os que estão na casa. Brilhe do mesmo modo a vossa luz diante dos homens, para que vendo as vossas boas obras, glorifiquem vosso Pai que está nos céus."

Para a reflexão pessoal

1. Sinto-me iluminado/a ou ainda apagado/a? Desejo ser iluminado/a?

2. Se me sinto iluminado/a aceito "consumir minha vida a serviço da Luz?"

3. Que correntes de ar tentam apagar minha luz? Como me defendo delas?

4. Quero ser apóstolo da luz? Que outras velas já acendi no meu caminhar?

5. O Egoísmo, o autocentramento, o buscar somente os próprios interesses, constitui o reino das trevas; o amor a Deus e ao próximo, na fraternidade, na compaixão, no perdão, na aspiração pela justiça do Reino... o reino da luz. Qual deles está reinando em minha vida?

Edições Loyola

editoração impressão acabamento

rua 1822 n° 341
04216-000 são paulo sp
T 55 11 3385 8500/8501 · 2063 4275
www.loyola.com.br